© R. Brockhaus Verlag Wuppertal 2006
Umschlaggestaltung: Dietmar Reichert, Dormagen
Innengestaltung: Ralf Krauß, Herrenberg
Druck: Graspo, Tschechien
ISBN-10: 3-7893-7494-6
ISBN-13: 978-3-7893-7494-4
Bestell-Nr. 627-494

Das Wort, das mir Halt gibt

Elke Werner

Halt im reißenden Strom
Zu Jesaja 43,2-5

Ulrich Eggers

Wirf dein Vertrauen nicht weg ...
Zu Hebräer 10,35

Manfred Siebald

Was in Zeit und Ewigkeit wichtig ist
Zu einem Gedicht von Matthias Claudius

Christina Brudereck

Walk on!
Zu einem Lied von U2

ELKE WERNER
Halt im reißenden Strom

Wenn du durch tiefes Wasser oder
reißende Ströme gehen musst –
ich bin bei dir, du wirst nicht ertrinken.
Und wenn du ins Feuer gerätst,
bleibst du unversehrt.
Keine Flamme wird dich verbrennen.
Jesaja 43,2

Mitten im Gottesdienst traf es mich wie ein Blitz. Mitten in einem bis zu diesem Zeitpunkt sehr unemotionalen und nicht sehr mitreißenden Gottesdienst las der Pfarrer einen Bibelvers vor, der mich in meiner Situation traf.

„Wenn du durch tiefes Wasser oder reißende Ströme gehen musst –
ich bin bei dir, du wirst nicht ertrinken. Und wenn du ins Feuer gerätst,
bleibst du unversehrt. Keine Flamme wird dich verbrennen."
(Jesaja 43,2)

Diese Worte wurden für mich vorgelesen. Ganz allein für mich. So jedenfalls kam es mir vor.
Ich war zu der Zeit mitten in meiner Chemotherapie. Die Diagnose Morbus Hodgkin, Lymphdrüsenkrebs in einem weit fortgeschrittenen Stadium, hatte mich nach einem Aufenthalt im Ausland getroffen wie ein reißender Fluss. Es gab nach dem Aussprechen der Diagnose kaum ein Halten mehr. Ich kam mir wirklich so vor, als sei ich über Nacht in einen reißenden Strom gestürzt, der mich mit sich zog und mir jeglichen Handlungsspielraum nahm. Nicht ich bestimmte den Kurs meines Lebens, sondern die Therapie. Natürlich diente die Chemotherapie meinem Besten und ich wollte sie ja auch. Aber seit meiner Einwilligung hatte es keinen Tag mehr gegeben, an dem nicht die Krankheit und die Nebenwirkungen der Medikamente im Vordergrund standen.
Tiefes Wasser, reißende Ströme – das waren genau die inneren Bilder, die meine Situation umschrieben. Und auch die Formulierung „gehen musst" traf es genau. Immer wieder musste ich gehen! Zu Untersuchungen, zur Behandlung,

zur nächsten Chemotherapie. Immer wieder musste ich selbst aktiv werden, mich aufraffen, oft auch gegen mich selbst angehen, denn die Therapie war sehr schwer zu ertragen. Zweimal im Monat bekam ich Infusionen, ansonsten nahm ich Medikamente. Die Nebenwirkungen machten mich mürbe: Übelkeit, häufiges Erbrechen, Durchfall, Schmerzen gehörten zu meinem Alltag. Wäre ich nicht freiwillig immer wieder zur Behandlung gegangen, würde ich sicher heute nicht mehr leben. Doch damals, als ich diesen Vers so deutlich als Zuspruch von Gott hörte, war ich in der Situation, dass ich selbst ins Krankenhaus zu den Therapien gehen musste. Ich selbst wusste: Ich habe nur eine Chance zu leben, wenn ich diesen Weg auf mich nehme. Und wenn ich durch die Qualen der Nebenwirkungen hindurchgehe.

Die Zusage Gottes in diesem Bibelwort, dass ich nicht untergehen und ertrinken würde, wurde mir zu einem Rettungsanker. Ich war schon viele Jahre Christ. Und ich wusste, dass Gott hält, was er verspricht. Meine Erfahrungen der vorherigen Jahre hatten mir gezeigt, dass ich mich darauf verlassen konnte: Du wirst nicht ertrinken. Gewünscht hätte ich mir eine Zusage Gottes wie: Ich ziehe dich aus dem Strom heraus! Oder: Ich sende dir ein Boot, das dich sicher hindurchsegeln lässt. Nein: Es blieb bei dem reißenden und bedrohlichen Strom und es blieb dabei, dass ich selber gehen musste.

Ich fasste in diesem Gottesdienst den Entschluss, diesem Wort Gottes an mich persönlich zu vertrauen. Ich wusste: Du kommst durch.
Die Chemotherapien selbst waren immer noch schwer. Doch durch dieses

Bibelwort hatte ich ein inneres Bild vor Augen für das, was ich durchmachte. Und von diesem Moment an war der Strom nicht mehr so bedrohlich, die Angst nicht mehr so stark, ich könnte schon auf dem Weg der Genesung sterben.

Nach einem Jahr Behandlung waren keine Hinweise auf Krebszellen mehr zu finden. Die Chemotherapie hatte geholfen, ich war erst einmal gesund geworden. Die Anspannung ließ nach, die aufwühlenden, stürmischen Zeiten der Behandlung waren zu Ende. Nun kam die Zeit der Verarbeitung. Und die war fast noch schwerer als die hektische Zeit des Überlebenskampfes. Jetzt nämlich kam ich mir vor wie ein Schiffbrüchiger, der an Land gezogen ist, aber gar nicht weiß, wo er ist und wie er dort leben kann. Ich musste das Leben neu erobern, wie Robinson Crusoe die Insel, auf der er gestrandet war. Nichts war mehr wie vorher. Alles musste neu bedacht, gestaltet, hinterfragt werden. Was war mir wichtig im Leben? Wofür wollte ich es einsetzen? Was wollte ich nicht mehr tun?

Wie wollte ich denn nun mein neu geschenktes Leben gestalten? Und wohin sollte ich mit der Angst, es könnte einen Rückfall geben? Immer wieder musste ich zu Nachuntersuchungen. Anfangs jeden Monat, dann alle drei Monate.

Immer wieder brannte in mir die panische Angst: Was ist, wenn du einen Rückfall hast?

Ich merkte, dass die Fragen, die Sorgen und Ängste immer stärker wurden. War ich vorher noch mit dem nackten Überleben beschäftigt, schlich sich jetzt die Angst ein, das alles wieder zu verlieren, was ich gerade mühsam neu errungen hatte. Diese Angst kam oft überraschend über mich. Mitten in einer fröhlichen Atmosphäre, mitten im Gespräch mit Freunden überfiel mich der Gedanke an einen eventuellen Rückfall, und sofort stand ich unter Strom. Schweißausbrüche, Panikattacken wie ich sie mir nie hätte vorstellen können.

Und auch da kam mir die Zusage Gottes aus Jesaja 43 wieder in den Sinn. „Wenn du ins Feuer gerätst …" Ja, ich war in ein Feuer geraten: Das Feuer der Angst. Ich war nicht bewusst hineingegangen. Es hatte mich überrascht, man könnte auch sagen: überfallen.
Ich spürte, wie dieses Feuer alles verzehrte, was an Lebensfreude und Glück in mir wachsen wollte. Es war, als würde durch die Angst mein Leben nach der Therapie alle Lebensqualität einbüßen. Doch wie hieß es in dem Vers? „Und wenn du ins Feuer gerätst, bleibst du unversehrt."

Etwa ein Jahr lang begleiteten mich die Ängste und Panikattacken. Ich sprach mit meinem Mann darüber, mit Freunden. Ich wurde getröstet, fühlte mich geborgen und getragen, aber innerlich doch den Angstattacken ausgeliefert. Ich musste noch verarbeiten, was mir geschehen war. Und als ich den Vers aus Jesaja noch einmal im Zusammenhang las, wurde mir klar, wie mein Leiden beendet werden konnte: „Denn ich, der Herr, bin dein Gott, der heilige Gott Israels. Ich bin dein Retter ... Habt keine Angst, denn ich, der Herr, bin bei euch!" (Jesaja 43,3.5)

Ich erkannte: Ich bin nicht allein in dieser Situation. Gottes Geist lebt in mir, in meinem Herzen. Er ist der Einzige, der mich innen, tief drinnen, begleiten und trösten kann. Er ist der Einzige, der diesem inneren Feuer der Ängste ein Ende machen kann. Menschen können von außen das Feuer eindämmen. Nur Jesus, der Retter, kann von innen das Feuer auslöschen.

So entdeckte ich die Kraft, die darin steckt, inmitten der Angst zu Jesus zu rufen und zu erleben, dass er mich aus dem Feuer, in das ich geraten bin, herausholt. Unversehrt. Ich übte und lernte, Jesus mit hineinzunehmen in meine inneren Kämpfe. Und im Laufe der Zeit verschwand das Feuer ganz und gar. Ich hatte bis heute, fast zwanzig Jahre später, keinen Rückfall, keine neue Krebserkrankung. Und ich erlebe schon lange keine Panikattacken mehr. Dieses Wort, das Gott vor so langer Zeit seinem Volk Israel gegeben hatte, ist für mich ein lebendiges Wort Gottes in meine Situation geworden. Ein Wort, das mir eine neue Perspektive gab. Und Hoffnung. Und einen Zuspruch der

Wirklichkeit, die mir so schnell verloren zu gehen drohte: Gott ist mitten drin. Und er ist der Herr der Situation.

Bis heute begleitet mich dieses Wort. Ich bin dankbar, dass ich gesund werden durfte. Aber Situationen, in denen ich Wege gehen muss, die mir Angst machen, die gibt es auch heute. Und in denen profitiere ich von der guten Erfahrung der Hilfe Gottes in den bisher schwersten Zeiten meines Lebens. Gott spricht hinein in meine Gefahr. Und er zeigt mir, dass er mich keine Sekunde darin allein gelassen hat. „Habt keine Angst, denn ich, der Herr, bin bei euch!"

ELKE WERNER
leitet mit ihrem Mann Roland den Christus-Treff in Marburg und ist eine gefragte Referentin.

ULRICH EGGERS
Wirf dein Vertrauen nicht weg …

Werft euer Vertrauen nicht weg,
welches eine große Belohnung hat.
Hebräer 10,35

Je länger ich als Christ unterwegs bin, umso wichtiger wird mir dieser Bibelvers. Er ist eine Art Lebensvers für mich geworden – einer, der meine Haupthürde beschreibt. Einer, der mir zur wichtigsten Ermahnung geworden ist. Zugleich zu einer unglaublichen Ermutigung. Auch deswegen, weil es nicht nur mir so geht. Das Vertrauen wegzuwerfen ist wohl eine der größten Versuchungen, vor denen wir täglich stehen. Der Kampf mit unserem leicht entflammbaren Misstrauen gegen Gott scheint mir die größte Herausforderung für jeden Christen.
Jesus wünscht sich unser Vertrauen – sogar ein kindliches Vertrauen. Er wünscht sich unsere Hingabe. Im Kopf wissen wir auch, dass er dieses Vertrauen, diese Hingabe verdient. Wer sonst, wenn nicht Gott? Also nicken wir – aber alles in uns ist eigentlich auf das genaue Gegenteil gepolt. Schon als kleine Kinder ist es unser Ziel, endlich unabhängig zu werden. Erwachsen. Selbst verantwortlich. Emanzipiert.
Darauf werden wir von Anfang an getrimmt: Unabhängig sein. Und natürlich auch vorsichtig – denn wie leicht wird man manipuliert oder benutzt! Und wie viel haben wir erlebt! Wir sind verwundet und vorsichtig geworden. Wir sind reserviert. Eine gute Portion Misstrauen ist gesund. Kindliche Naivität kann sich keiner leisten heutzutage.
Und dann kommt Jesus und will genau das Gegenteil dessen, was ich als Erwachsener jahrelang eingeübt habe: Pass auf! Sei vorsichtig! Lass dich nicht gehen! Verliere bloß nicht die Kontrolle über dein Leben! Er aber sagt: Gib dich weg! Lass dich los! Vertrau mir! Sei darin wie ein Kind! Von mir musst du dich nicht emanzipieren, bei mir musst du nicht kontrolliert sein. Lass los!
Vertrau doch!

Unglaublich – das ist ein Verhalten, dass wir uns in unserem Alltag kaum leisten können. Alles in uns sperrt sich dagegen! Und das ist ja auch verständlich: Denn wem kann man schon vollkommen vertrauen, wem kann man sich völlig hingeben? Die richtige Antwort heißt – Jesus. Unser Kopf spricht sie vielleicht mit – aber unser Herz meldet Zweifel an.

Aus der Bibel wissen wir: Gottes Zusagen reichen sehr weit – aber oft erleben wir sie nicht so schnell und klar, wie wir uns das wünschen. Also sagen wir: „Ja, ich glaube an Gott. Ich vertraue ihm. Ich lasse mich los" – und halten heimlich doch Zweifel, Angst, Misstrauen, alte Enttäuschung, bittere Gedanken gegen ihn fest. Kein Wunder, dass man so die Freiheit und das Glück der Hingabe nicht erlebt.

Verführerische Erkenntnismuster

Und so leben wir weiter mit einem verwundeten, kranken, vernarbten Glauben. Narben und Wunden, die wir manchmal gar nicht sehen, oft auch bewusst unterdrücken. Denn wir wollen ja glauben – aber da sind die alten Erfahrungen. Das nicht erhörte Gebet. Krankheit, Tod, Trennung, Streit, enttäuschte Hoffnung, Zorn, Anklage. Oder das tief sitzende Gefühl, allein gelassen worden zu sein, als man Gott so nötig brauchte.

Das alles hat viele Ursachen und ist ein großes Thema. Ich finde es tröstlich, dass die Bibel das alles schon so genau weiß: „Wirf dein Vertrauen nicht weg" – denn die Versuchung dazu wird dir immer wieder begegnen!
Wir wollen Gott gerne glauben, dass er die Liebe ist. Aber Liebe hat für uns unwillkürlich damit zu tun, dass passiert, was wir wollen. Unser Erkenntnismuster von Gott ist geradezu darauf trainiert, ihn daran zu erkennen, ob es mir gut geht – oder ob passiert, was ich mir wünsche:
Ich bin krank – und werde wieder gesund: Jawohl, Gott ist da!
Ich sehne mich nach Liebe – und finde einen Partner: Jawohl, Gott ist gut!
Ich bin in Not – und mir wird geholfen: Kein Zweifel, das war Gott!
Aber wenn Negatives passiert und es mir über meine Geduld hinaus schlecht geht, dann heißt es: „Wo ist Gott? Hört er mich überhaupt? Ist er nicht einfach Einbildung? Ist er wirklich Liebe?" Ein simples Erkenntnismuster – aber unglaublich wirksam. Auch deswegen, weil der Teufel, der Widersacher Gottes, raffiniert Zweifel und Fragen säht. Er düngt und begießt unser Misstrauen – und freut sich an der Zerstörung. Jeden Tag, bei jedem Anlass. Ein Kampf um mein Herz findet statt, ein Kampf um mich.

Für mich wurde dieser Kampf lebensgefährlich, als unser erstes Kind starb. Kurz nach der Geburt. Ohne Anlass, ohne erkennbaren Grund. Warum ließ Gott das zu? Neun Monate Wachstum eines kostbaren kleinen Menschen – und jetzt das? Das soll ein Gott der Liebe sein? Solche oder andere bittere Wunden hat ja jeder von uns hinnehmen müssen. Wie kann man sie überleben? Wie soll man da noch vertrauen? Wie kann man solch einen Gott lieben, der so etwas zulässt?

Die Summe des Glaubens

Erwachsen werden im Glauben hat mit kindlichem Vertrauen zu tun. Ist eine große Einfachheit, die nicht simpel ist. Karl Barth, der große Theologe, wurde am Ende seines Lebens gefragt, was die Essenz seines Forschens und Wissens sei. Seine Antwort bestand in einem Kinderlied: „Jesus loves me, this I know, cause the bible tells me so." Jesus liebt mich, das weiß ich, weil die Bibel es mir sagt. Und Klaus Bockmühl, einer der großen evangelikalen Gelehrten der siebziger und achtziger Jahre, sieht in seinem letzten Buch, das er kurz vor seinem Krebstod schrieb, einen Satz von Jesus als Summe des Glaubens: „Was er euch sagt, das tut!" (Johannes 2,4). Tausende von Fragen und Büchern und Texten gelesen, geschrieben und beantwortet – aber die Summe des Glaubens ist für ihn: Vertrauen. Was Jesus sagt, das tut! Weil Vertrauen die einzig weise Option des Glaubens ist. Die Summe des Erwachsenseins: Kind sein vor Gott.
Wer drin steckt in grundsätzlichen Zweifeln und sich quält mit immer neuem Misstrauen, dem bleibt nach meiner Erfahrung nur dieser Weg: Wahr werden

vor Gott. Offen aussprechen. All den Groll und die Fragen weggeben. „Über keinen freut sich der Teufel so sehr wie über die, die ihre Gedanken vor Gott verschweigen", sagt ein weiser alter Kirchenvater. Warum? Weil Gott dann keine Chance hat, mein Herz zu erneuern und neues Vertrauen wachsen zu lassen. Weil ich es nicht riskieren werde, noch einmal Hoffnung zu wagen und mich neu auf Gott einzulassen. Noch einmal neu anzufangen. Als reifer Mensch. Mit kindlichem Vertrauen.

Mein Rat: Es Gott sagen. Es laut aussprechen vor ihm. Und ihn dann um Heilung bitten. Um neues Vertrauen. Um eine neue Begegnung mit ihm. Um eine Berührung meines Herzens. Und dann auf dem Weg bleiben. Nicht nachlassen. Die Begegnung immer wieder suchen. Das Vertrauen wachsen lassen – und es eben nicht wegwerfen. Auch wenn man weiß, dass so vieles in mir und meiner Umwelt immer wieder daran zerrt und reißt. Und dass der Teufel jede Chance nutzt, um die zarte Pflanze Vertrauen in mir zu zertreten. Eben deswegen: Wirf dein Vertrauen nicht weg ...

Vertrauen lernen ist ein lebenslanger Prozess. Die größte und wichtigste Übung des Glaubens. Ein Kampf, den wir alle kämpfen. Ganz am Ende seines Lebens hatte der alte Abraham so viel Vertrauen, dass er Gott bedingungslos folgte. Ganz am Ende ...

Vertrauen üben ist ein lebenslanger Prozess. Hinzufallen, zu stolpern oder auch einmal wegzulaufen vor Gott ist Teil des Weges. Wichtig ist, immer wieder zurückzufinden. Das Vertrauen nicht wegzuwerfen. Mein Lebensvers ...

ULRICH EGGERS

ist Verlagsleiter im Bundes-Verlag (Witten) und Gründer der Zeitschrift „Aufatmen".

Manfred Siebald

Was in Zeit und Ewigkeit wichtig ist

Anderen mag es anders ergehen, aber mir geben nicht die Volldampftexte Halt. Die schüchtern mich eher ein oder überwältigen mich. Die überzogenen Worte der allzu Überzeugten, die kernigen Sätze der selbstbewussten Könner, die nicht vom Leben gedeckten Richtigkeiten bringen mich mehr ins Schwanken, als dass sie mir Halt geben.

Was aber gibt mir Halt? Eher jene Worte, die nicht so breit daherkommen, dass ihre Urheber dahinter verschwinden. Eher jene Worte, deren brüchiger Ton mich spüren lässt, dass sie sich im Leiden bewähren mussten. Eher jene Gedanken, die – womöglich über sich selbst schmunzelnd – von sich wegzeigen auf einen Halt, an dem auch ich Halt finden kann.

Unter den Texten, die mir in dieser Weise Halt gegeben haben, liebe ich besonders ein Gedicht von Matthias Claudius: Es heißt „Täglich zu singen". Hier redet über die Jahrhunderte hinweg ein Dichter zu mir, der wie kaum ein anderer einen persönlichen Ton durchhielt; der sich nicht scheute, mitten in der Blüte der Aufklärung naiv zu klingen; der sich auch in der innigsten Stimmung noch ironisch auf die Schippe nehmen konnte. Hier redet mit mir ein Dichter, der mir gerade durch seine unmoderne Selbstbescheidung Gott, den Halt seines eigenen Lebens, zum Greifen nahe bringt.

Täglich zu singen

> *Ich danke Gott, und freue mich*
> *wie's Kind zur Weihnachtsgabe,*
> *daß ich bin, bin! Und daß ich dich,*
> *schön menschlich Antlitz! habe;*

So fängt der Tag für Matthias Claudius an. So kann eigentlich auch für mich jeder Tag gut anfangen: Ich danke Gott. Wie oft bin ich aufgewacht und habe als erstes die Sorgen von gestern Abend, die noch nicht erledigten Dinge, die Pflichten des kommenden Tages im Sinn gehabt. Nicht was ich bin, sondern was ich habe oder nicht habe, was ich leiste oder nicht leiste, hat mein Herz erfüllt. Da hat Claudius ein ganz anderes Programm. Er empfindet es als Freude, überhaupt da zu sein – er sagt es gleich zweimal. Mit dieser Freude steckt er mich an.

Aber dann kommt gleich wieder eine Frage: Habe ich denn wirklich ein „schön Antlitz"? Muss man nicht ziemlich eingebildet sein, um so etwas zu sagen? Die Schönheitsideale kommen und gehen doch – in unserer Mediengesellschaft schneller denn je zuvor. Und das pflichtschuldige „Ei, hat er nicht ein allerliebstes Gesichtchen", mit dem Onkel und Tante sich damals über unsere Kinderbettchen gebeugt haben, tröstet kaum jemanden von uns über die Fältchen und die grauen Haare nach der Lebensmitte hinweg. Doch Claudius lehrt mich, mit den Augen Gottes zu sehen. Und Gott sagt (in den Worten des alten jiddischen Klassikers von Shalom Secunda): „Bei mir biste scheen."

  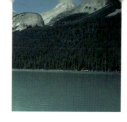

daß ich die Sonne, Berg und Meer,
und Laub und Gras kann sehen,
und abends unterm Sternenheer
und lieben Monde gehen;

Auch für meine Sinne kann ich dankbar sein. Gut – ich persönlich habe eine Rot-Grün-Schwäche und kann nicht alle Farben so benennen wie andere Menschen. Aber erstens kann ich, wenn ich denn will, mich auch mit eingeschränktem Sehvermögen intensiv an Farben und Formen freuen. Und zweitens habe ich dafür viele andere Gaben bekommen – z. B. sprachliches Gespür und musikalisches Gehör. Das stille Genießen von Gottes guter Schöpfung bringt mir die Dinge so nahe, dass ich tatsächlich vom „lieben Monde" reden kann – auch wenn der inzwischen vermessen, angeflogen, betreten, untersucht und strategisch verplant wurde. Der menschliche Wert des Sehens und Genießens lässt sich zum Glück auch heute noch nicht in naturwissenschaftlichen Einheiten messen. Aber man kann ihn als einzelner Mensch erleben.

und daß mir denn zumute ist,
als wenn wir Kinder kamen,
und sahen, was der heil'ge Christ
bescheret hatte, amen!

Immer mehr unserer neuzeitlichen Ideale bürstet Matthias Claudius gegen den Strich und immer mehr überraschende Ausblicke gewährt er mir. Nicht nur die mir ständig eingeredeten Werte von Schönheit und körperlicher Tüchtigkeit, sondern auch die Ideale von intellektuellem Fortschritt und Bildung werden hier ausgehebelt. Auch ein erwachsener Mensch kann und darf sich als Kind fühlen – wenn er nämlich anerkennt, dass es jemanden gibt, der größer ist als er selbst, und wenn ihm Gott als Vater begegnet ist. In wunderbarer Doppeldeutigkeit nimmt das Lied die volkstümliche Vorstellung vom Geschenke bringenden Christkind auf und macht sie durchsichtig auf den zu unserem Vater gewordenen, sich selbst schenkenden Gott hin. Da kann ich nur „Amen" sagen!

Ich danke Gott mit Saitenspiel,
daß ich kein König worden;
ich wär geschmeichelt worden viel,
und wär vielleicht verdorben.

Auch bet ich ihn von Herzen an,
daß ich auf dieser Erde
nicht bin ein großer reicher Mann
und auch wohl keiner werde.

Gesellschaftlicher Status, Popularität und Reichtum – gibt es eigentlich irgendwelche Lebensziele, die unser Denken in der nordwestlichen Ecke der Erde mehr bestimmen als diese? Drehen sich nicht darum die größten Anstren-

gungen der Werbung, die meisten politischen, aber auch viele unserer privaten Bemühungen? Und setzt mich das Erreichen dieser Lebensziele nicht ständig unter einen immensen Druck? Was für eine Erleichterung, dass dieses Lied sich nicht nur völlig ungeniert diesen Werten verweigert, sondern diese Verweigerung sogar noch als Errungenschaft feiert. (Besonders freut mich persönlich an dieser Stelle natürlich, dass ich nach vielem Üben einigermaßen das Saitenspiel beherrsche, mit dem auch Matthias Claudius damals seinen Dank vor Gott brachte.)

Denn Ehr und Reichtum treibt und bläht,
hat mancherlei Gefahren,
und vielen hat's das Herz verdreht,
die weiland wacker waren.

Und all das Geld und all das Gut
gewährt zwar viele Sachen;
Gesundheit, Schlaf und guten Mut
kann's aber doch nicht machen.

Das erinnert mich an das Testament Paul Gerhardts, in dem er – lange bevor es mafiöse Grundstücksspekulanten und Mietwucherer oder auch seriöse Vermögensberater und Börsenmakler gab – seinem Sohn sagte: „Den Geiz fleuch als die Hölle, laß dir genügen an dem, was du mit Ehren und gutem Gewissen erworben hast, ob es gleich nicht allzuviel ist." Und das hat schon lange vor ihm auch der Apostel Paulus gewusst: Die Liebe zum Geld ist die Wurzel alles Übels (1. Timotheus 1,10). Um sich und mir das bewusst zu machen, wägt Matthias Claudius einfach zwischen Besitz und Gesundheit ab. Und dabei kommt der uns antreibende und uns aufblähende Besitz nicht sehr gut weg. Dankbar kann ich eher für Schlaf und guten Mut sein.

Und die sind doch, bei Ja und Nein!
ein rechter Lohn und Segen!
Drum will ich mich nicht groß kastein
des vielen Geldes wegen.

Ja und Nein – natürlich gibt es jede Menge Argumente dafür, materielle Güter höher zu hängen als geistige oder emotionale Errungenschaften oder körperliche Gesundheit. Kann denn unsere Wirtschaft überleben, wenn sie nicht wächst?, fragen die Politiker. Sollen wir denn nicht um ein angemessenes Einkommen kämpfen?, fragen die Gewerkschaften. Aber nützt mir das alles überhaupt etwas, wenn ich mein Herz und meinen Körper so weit ruiniert habe, dass ich den erschufteten und erkämpften Besitz nicht mehr genießen kann?, fragt der Dichter.

> *Gott gebe mir nur jeden Tag,*
> *soviel ich darf zum Leben.*
> *Er gibt's dem Sperling auf dem Dach;*
> *wie sollt er's mir nicht geben!*

Dieses Gedicht gibt mir Halt, weil es zum einen die leicht verderblichen und letztlich wankenden Dinge und Werte benennt, an denen, wenn ich nicht aufpasse, zu schnell mein Herz hängt. Aber dann auch, weil es mein Herz auf das hin richtet, was in Zeit und Ewigkeit wichtig ist – und auf den hin, bei dem es zu finden ist. Gott, der mir jeden Tag die Dinge geben kann, derer ich zum Leben bedarf, ist der wichtigste und verlässlichste Halt, den ich brauche.

MANFRED SIEBALD

ist Professor für Amerikanistik in Mainz und einer der bekanntesten christlichen Liedermacher.

Ein Wort, das mich bewegt und hält, heißt sinngemäß: „Geh! Geh in ein neues Land. Geh weiter!" Ein uraltes Gotteswort. Ein Lied meiner Lieblingsband U2: „Walk on!"

Walk on! – das singt U2 für Suu Kyi. Geh!, das sagt Gott zu Abraham. Geh weg aus deiner Heimat, hin in ein Land, das ich dir zeigen werde. Weg aus allem, was vertraut ist. Im hebräischen Text steht da: „Läch lächa". Geh du für dich. Geh auf dich gestellt. Geh – ja, man könnte übersetzen müssen: Geh, alleine mit Vertrauen. Und er geht. Lässt alles hinter sich. Lässt sich los. Lässt sich auf Gott ein.
Aber Abraham konnte kein Ticket buchen, online, es ausdrucken und zu seinem Ziel fahren. Er war nicht am nächsten Tag da, um dann in aller Ruhe sesshaft werden zu können. Geh! – das ist der Auftakt zu einer langen Pilgergeschichte.

Oh ja. Manches Mal dachte ich schon, angekommen zu sein, da unterbrach Gott meine Bau- und Wohnpläne, meine Ge-Wohnheiten und lockte mich weiter.
Selbst wenn wir eine feste Adresse haben, eine feste Anstellung oder ein eigenes Haus – die Lebensreise endet nicht mit diesen Stationen, sie endet auf dieser Welt niemals.

Geh! Das hört der alte Abraham aus Ur in einer uralten Erzählung. Ur am persischen Golf, heute Südirak – und jetzt, als er losgeht, befindet er sich in

Haran, in der heutigen Südtürkei. Lange Wege hat er schon hinter sich und wird er noch zurücklegen. Von Haran geht er weiter nach Kanaan, nach Sichem und Bethel. Das sind mehr als 1000 km Luftlinie, aber natürlich reiste Abraham nicht per Luftlinie. Auf Karawanenstraßen musste man Umwege machen und mühsame Durststrecken auf sich nehmen.

Geh! Walk on! Viele Geschichten der Bibel sind eigentlich Pilgergeschichten. Wir sind unterwegs. „Leute des Weges" wurden die ersten Christinnen und Christen genannt. Wir sind Menschen, die wie in einem Zelt leben. Das Ziel, die Heimat, das Heiligtum hast du nur als Ahnung in deiner Seele, und Gott lockt dich weiterzugehen, unterwegs zu bleiben, neue Wege zu gehen, eine andere Richtung einzuschlagen, dich rufen zu lassen.

Geh! In einem alten Gospel heißt es:

I am just a lonesome traveller
Through this big wide world of sin;
Want to join that grand procession
When the saints go marchin' in
Oh when the saints go marchin' in.

(Ich bin nur ein einsamer Pilger, unterwegs in dieser großen Welt voller Schuld. Ich möchte so gerne bei diesem großartigen Aufzug dabei sein, wenn die Heiligen einmarschieren. Oh, wenn die Heiligen einmarschieren.)

Einmarschieren, im Himmel. So sangen es die schwarzen Sklaven, die auf den großen Tabak- und Baumwollplantagen zu harter, erniedrigender Zwangsarbeit eingesetzt wurden. Wenigstens das Singen konnte ihnen nicht verboten werden.

Geh! Eines Tages, wenn wir in den Himmel kommen, dann marschieren wir. Dann ist Einmarschieren würdevoll, nicht triumphalistisch oder gar gewalttätig. In einer Prozession aus allen Himmelsrichtungen. Aus allen Sprachen der Welt. Schwarze und weiße und asiatische und orientalische Geschwister. Gekleidet in Lungi oder Sari, Anzug oder Abendkleid, mit Turban oder Dauerwelle… Oh, wenn die Heiligen einmarschieren - da möchte ich gerne mit dabei sein. Bis wir dort sind, ist diese Welt Weg, nicht Haus. Ewig bleibt nur Gott, wir aber gehen.
Ich höre es rufen und singen: Walk on! Geh! Geh los. Geh für dich. Geh weiter.

Geh! Aber - wie viel Rück-Sicht muss man dabei nehmen? Wie sehr muss ich darauf achten, im Blick behalten, wo ich herkomme, und zurückgucken auf die bisherige Geschichte? Was, wenn mich die Rücksicht verpflichten will, einen nahe liegenden Weg zu verfolgen? Darf Gott mich, dich, uns herausrufen in ein neues Land?
Rückschau kann sehr dankbar machen, wenn sie dir zeigt, wie nah Gott auf den bisherigen Wegen war. Dann stärkt sie dich, weiterzugehen und hilft dir noch, andere mitzunehmen.
Aber der Blick zurück kann auch bedeuten, dass du nicht mehr nach vorne

guckst und so starr wie eine Salzsäule wirst, so dass du dich gar nicht mehr bewegen kannst.
Rücksicht. Gut, wenn sie stärkt. Schlecht, wenn sie versteinert.

Für die Vorsicht gilt merkwürdigerweise das Gleiche. Sie kann dich vorbereiten, dir helfen, die Lage einzuschätzen, dich schützen. Und sie kann dich lähmen, jede Entscheidung hemmen, allen Mut nehmen und dich passiv machen. Vorsicht. Schlecht, wenn sie dich lähmt. Gut, wenn sie dich vorbereitet.

Geh! Walk on! Meine Lieblingsband U2 singt das Lied „Walk on" und widmet es Suu Kyi, einer bemerkenswerten Frau. Es ist ein Lied voller Respekt. „Walk on" meint nicht einfach „Kopf hoch!" oder „Es geht schon irgendwie." – „Walk on" ist eine Bitte: Bitte, geh weiter. Halt durch. Lass dich nicht irre machen. Walk on. Geh deinen Weg! Geh trotz allem weiter.

Suu Kyi kommt aus Burma, Myanmar, Südostasien. Das Land, das an Bangladesch, Indien, China, Laos, Thailand und den Indischen Ozean grenzt, gehört zu den ärmsten Ländern der Erde.

Suu Kyis Eltern sind politisch sehr engagiert. Ihr Vater wird ermordet in seinem Kampf für Demokratie, ihre Mutter wurd Botschafterin ihres Landes in

Indien, wo Suu Kyi bis zu ihren Studium in England auch aufwächst. Lange Jahre lebt sie in Europa. Sie forscht über ihre Heimat, die Geschichte ihrer Herkunft und ihrer Familie. Bis sie eines Tages, als ihre Mutter krank wird, zu einem Besuch zurück nach Myanmar geht. Diese Reise, die als Besuch geplant wird, ändert Suu Kyis Leben völlig.
Sie erlebt unvorbereitet den Sturz des Militärdiktators Ne Win mit und gerät in die blutigen Aufstände. Kurz danach hält sie ihre erste öffentliche Rede: für Demokratie, Menschenrechte, Freiheit und Würde. Aber schon ein paar Wochen später ist in Burma die nächste Militärregierung an der Macht. Suu Kyi wird verhaftet und dann unter Hausarrest gesetzt, man verbietet Besuche und Telefongespräche.

Walk on! Geh weiter!
Suu Kyi hat in dieser Situation zwei Möglichkeiten: Entweder sie geht nach England zurück, darf dann aber nie wieder in Burma einreisen. Oder sie bleibt in Burma und man erlaubt ihrem Mann und ihren Kindern nicht einzureisen.

Was bedeutet Rücksicht? Was ist Vorsicht? Was bedeutet es, eine Vision zu haben, eine Sicht auf die Welt, die Zukunft ermöglicht? Was, wenn die Visionäre das Nachsehen haben?

Suu Kyi weiß, dass ihre Freiheit und ihr Leben in Gefahr sind. Sie entscheidet sich zu bleiben und für die Freiheit der Menschen ihrer Heimat zu kämpfen. „Geh! Aus dem Land und von deiner Familie in ein Land, das ich dir zeigen

werde", hatte Gott zu Abraham gesagt. Für Suu Kyi ist das Neuland ihre alte Heimat. Sie geht, indem sie bleibt, und führt die Demokratische Bewegung an. 1990 finden auf internationalen Druck hin Wahlen statt und ihre Partei kann 80 Prozent der Stimmen für sich gewinnen, ein überwältigendes Ergebnis. Die Militärs erkennen es nicht an, Suu Kyi wird wieder verhaftet. Der Druck wird schlimmer. Aber ihr Elan und ihre Überzeugungen sind ungebrochen. Sie führt die Auseinandersetzungen fort und wird zu einem Symbol des Kampfes für Gerechtigkeit. Erst jetzt gerade wieder, als ich diese Geschichte aufschreibe, im Sommer 2006, ist der Hausarrest für Suu Kyi erneut um ein weiteres Jahr verlängert worden. Als sie 1991 den Friedensnobelpreis verliehen bekommt, nehmen ihn ihre Söhne für sie entgegen, und Bono und U2 widmen ihr das Lied „Walk on".

Geh! Das ist ein Wort, das mich bewegt, ein Wort, das mich hält. In dieser Welt bin ich dazu gerufen, weiterzugehen, nicht stehen zu bleiben. Die Aufforderung steht im Raum. Ein Lied. Ein Gotteswort. Abraham und Suu Kyi folgen dem Ruf „Walk on!", „Geh! Läch lächa!" Allein mit Vertrauen.

Ich erlebe, dass Gott meinen Lebensweg mitgeht. Und dass Gott mich auf neue Wege ruft. Aus dem Bekannten, aus der vertrauten Umgebung ins Ungewöhnliche.

Das Größte aber: Gott ruft uns nicht nur auf einen Weg, sondern er ruft uns zu einer Person. Er ruft uns zu Jesus, der von sich sagt, dass er selber der Weg ist. Jesus, der Weg. Er überzeugt mich, weil er mit seinem ganzen Leben konsequent seinen Weg gegangen ist. Einen wirklich weiten Weg! Ohne ihn möchte ich keinen Schritt mehr gehen.
Jesus ging immer weiter. Weiter als wir denken können. Er geht weiter mit, weiter als wir lieben können. Er liebt und zeigt, die Liebe ist die größte Idee und der beste Weg. Er liebt, und als es enger wird, liebt er immer noch weiter. Er lebt. Weiter als wir leben. Über den Tod hinaus geht er mit. Dieser Weg ist wirklich das Ziel.

Ob ich falle, stolpere, tanze, zögerlich schleiche, fliege oder klettere, ängstlich gehe oder würdevoll schreite, ich höre Gottes „Geh!", ich singe „Walk on", ich vertraue Jesus, dem Weg auf dieser Welt und in den Himmel.

Geh!, sagt Gott und ich bekomme seinen Schwung, weitergehen zu können. Geh, mit mir, zu den Menschen, in die Welt. Sagt Jesus, mein vertrauter Nachhauseweg.

CHRISTINA BRUDERECK
ist Theologin und Evangelistin. 2006 ist im Oncken Verlag ihr Gedichtband „Mutanfall" erscheinen.